16	3	2	13
5	10	11	8
9	6	7	12
4	15	14	1

Josoaldo Lima Rêgo

A MENOR
DAS TEMPESTADES

editora■34

EDITORA 34

Editora 34 Ltda.
Rua Hungria, 592 Jardim Europa CEP 01455-000
São Paulo - SP Brasil Tel/Fax (11) 3811-6777 www.editora34.com.br

Copyright © Editora 34 Ltda., 2024
A menor das tempestades © Josoaldo Lima Rêgo, 2024

A FOTOCÓPIA DE QUALQUER FOLHA DESTE LIVRO É ILEGAL E CONFIGURA UMA
APROPRIAÇÃO INDEVIDA DOS DIREITOS INTELECTUAIS E PATRIMONIAIS DO AUTOR.

Imagem da capa:
Fotografia de Claudia Andujar, 1976
(Cortesia Galeria Vermelho)

Capa, projeto gráfico e editoração eletrônica:
Franciosi & Malta Produção Gráfica

Revisão:
Cide Piquet

1ª Edição - 2024

CIP - Brasil. Catalogação-na-Fonte
(Sindicato Nacional dos Editores de Livros, RJ, Brasil)

R339m
    Rêgo, Josoaldo Lima, 1979
        A menor das tempestades / Josoaldo
Lima Rêgo — São Paulo: Editora 34, 2024
(1ª Edição).
136 p.

ISBN 978-65-5525-213-2

        1. Poesia brasileira contemporânea.
I. Título.

CDD - 869.1B

A MENOR DAS TEMPESTADES

Gravuras

Vitalino	9
Infância no Norte	11
Os dias	13
Faixa de Miss	15
País	17
Dois filmes chineses	19
A máquina de Tadeusz Kantor	21
Passeata	23
Aboio	25
Coiote	27
Grunhidos	29
Cantigas	31
Antes	33
Garapa	35
A floresta abriga	37
Kàjré	39
"a língua…"	41

A menor das tempestades

Alguns sons	45
Formas naturais	47
Sabiá	51
Corais	53

Muitas vozes

Nome	57
Atmosfera	59
O que cerca a floresta	61
Uma fotografia de Claudia Andujar	63
Tardia	65
Botânica	67

Seridó	69
Curimã	71
Mateiro 1	73
Cachalote	75
Com as mãos na origem do incêndio	77
Proximidade	79
Matança	81
Organismo	83
Maré	85
Teoria das cores	87
Motor	89
Jardim	91
Croa	93
Tempo	95
Muitas vozes	97
Outras vozes	99
Jenipapeiro	101
Rocha moída	103
A identidade dos vulcões	105
Cavalo-marinho	107
Uma fotografia de Pierre Verger	109
Mateiro 2	111
Alumiar	113
Nascente	115
Mangue	117
Algumas perguntas	119
Coité	121
Semente	123
Fruto	125
"tempo de..."	127
Rotações	129
Borra, petróleo, areia	131
Sobre o autor	134

GRAVURAS

VITALINO

Salvar vidas é esculpir
a casa, o cachorro,
a mão do sertanejo

Uma consciência do tempo
na primeira sessão
de descoberta do barro

INFÂNCIA NO NORTE

A chuva nunca passa
Da janela da escola
toda manhã é longa

A ençosta no caminho
guarda a ponta de osso
da história do lugar

OS DIAS

Na ribanceira
do bairro   vidas
suspensas

Dias contados
a ferro e fogo

FAIXA DE MISS

O nome na faixa de Miss
de Arthur Bispo do Rosário
Por todos os lugares, chão rasgado
Não é sempre
que as mãos
amparam a chuva

PAÍS

Ruído na linha do medo
A família no centro da passeata
contra a guitarra elétrica

DOIS FILMES CHINESES

Na província de Yunnan
o vento estuda e observa
a vida das montanhas

Em Fenyang, a máquina
vê garotos sonharem
a demolição de velhas cidades

A MÁQUINA DE TADEUSZ KANTOR

Quando o modo de exceção
    é infinitamente maior
    e não repara ninguém

A mais longínqua natureza
    sempre soterrada

PASSEATA

A paisagem pintada
nos muros
O coração e a graça
do estorvo

ABOIO

Sem cantigas
Sem chão firme
Na ponta do arame:
folhagem estranha

Entre cercas
No fundo do pasto:
coração sem nome

COIOTE

A imagem da baleia
na parede do posto de fronteira
Como se avisasse
e confundisse
— oceano, chão, deriva

Galho encarnado e preso
na mochila da criança
coberta com uma manta
de alumínio

GRUNHIDOS

Alpendre, beira de rio
O universo estoura no candeeiro

Numa margem, mistério
no tronco da canoa
Noutra, matilha

São gravuras, galáxias
as imagens derradeiras
de todo dia

CANTIGAS

1

o canto rouco, comum
no encalço da língua
geografia de arestas

2

o ancião fora do lugar
tempo de levante
e fratura
a ciência do enclave

3

a queda
devidamente
exaltada

corpo todo
em farelo

4

quando os isolados respiram
outros isolados sentem
rios aéreos nos pulmões

ANTES

Antes de qualquer acontecimento, remanso

Rosto contracorrente

Antes da chuva

Antes da devastação da vida nas beiradas dos rios

A fruta antes da queda

Antes da previsão das poucas certezas do dia

Esta folha antes do corte

GARAPA

O cheiro atiça, mira
pele e ar, casa e corpo

Açúcar, água e fome

A FLORESTA ABRIGA

A terra de pontas soltas
e a madeira sem rastro

Vidas suspensas e andaimes
no meio da floresta

KÀJRÉ

o machado krahô

na sala fechada do museu
ressoa a voz timbira

a língua segue em faísca

A MENOR DAS TEMPESTADES

ALGUNS SONS

viagem sem fole
o som guerreia
a sanfona não verga

                forró no canavial
                virada no cão
                uma rabeca

braba cantiga
a viola reproduz o giro
do vento no Jacarandá

                som de mangue
                o mergulho na lama
                outra longa infusão

calendário das chuvas
mexido de folhas
balança o jirau

                        chão de terreiro
                        o atabaque canta
                        contramaré

esfola os pés
couro e ritmo
dois pandeiros

FORMAS NATURAIS

1

chuvas de verão
o gavião se engaja
rumor de tormenta

2

memória cravada
na quilha   o musgo
no dente da presa

3

a direção dos ventos
nos olhos dos pássaros
         nuvens cheias

4

plumagem certeira
voo e abrigo
nenhum desvio

5

alterna a ventania
na linha do horizonte
outra tormenta

6

submersa   não vemos
não sentimos
a equação dos rios

7

debaixo da grande árvore
o pé maneja o vento
eco das nuvens

8

o bico do Anu
na fenda do edifício
raro rosto de bicho

9

beija-flor
a menor das tempestades
ouro-plumagem

SABIÁ

Sabiá-da-praia, vodu das árvores
O timbre do vento no oco do mato

Sabiá-da-praia, por regressar
de longe, nunca canta distante dos corais

CORAIS

Corpo vívido, duro e encarnado
Cabeça encantada no fundo d'água
Osso e memória das espécies

Língua da terra
Matéria escura, quase extinta
Adorno de calcário extenso

Aparição dos dias mais limpos
Linha do mar
Coração dos oceanos

MUITAS VOZES

NOME

dos utensílios que voam,
água é a língua mais alegre

atravessa o país e floresce
nos baixões

pele de respiração frágil

ATMOSFERA

porque
abaixo de qualquer urro
a fuligem
    nos olhos
o assombro
    do pássaro
a dissidência
    do ar

O QUE CERCA A FLORESTA

Entre os limites de Aripuanã,
circulador, o vento corta
estradas que cercam a floresta

Chão sem rastros

Nem sempre sopra macio
o som que equilibra
a língua da região

Por estradas, a madeira ainda
range os dentes

No ar, fora da boca,
as águas do rio
desviam pra longe

UMA FOTOGRAFIA DE CLAUDIA ANDUJAR

rosto e lâmina
olhos imensos
fotograma
     de fogo
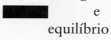   e
     equilíbrio

breve voo
     sobre
a grande rodovia
     do Norte

desaparecer é
o começo o ritual
a técnica

TARDIA

o clima dispara
e a vida
é toda
quebradiça

a linha d'água
mistura
os utensílios
no fundo da
enchente

BOTÂNICA

    os desterrados
vestem mangas
       largas

*

o estrondo das ondas
na multidão

*

    por fim
o petróleo borrifa
    seu lance de dados

SERIDÓ

sobre a placa
ondulada
do lugar
as formigas modulam
o relógio

o vento ermo canta
por fendas

CURIMÃ

de joelhos
no fundo do barco

alguém reza pros peixes

o flanco
prateado
o motor sem
rédea

MATEIRO 1

contorna o tempo e algo se dissipa
entre raízes agarradas ao chão

guarda a memória de quem seguiu
o rastro do fogo

CACHALOTE

Adormece [vertical]
lá onde arpões não alcançam
e inimigos não penduram as garras [enquanto
                              embalam a guerra]
Não veste roupa qualquer
É sempre alguém num filme de montanha

Adormece nas ondas
Adormece e sonha

Há tensão demais na superfície
Então desliza nas profundezas do gozo
de estar lá
Água funda

COM AS MÃOS NA ORIGEM DO INCÊNDIO

1

via de incêndio
passo e assombro
um museu abaixo

2

matadouro, alvorada
uma voz se cala

pela fenda da tábua
alguém esgarça o corpo

PROXIMIDADE

a voz do animal
incapaz de atravessar o fogo

o que adere
o que é próximo
o que reage

a pele esturricada:
tão viva quanto a vitória-régia

MATANÇA

1913, aldeia Chinela, rio Alpercatas. Fazendeiro do sertão maranhense, Roberto Arruda carrega um barril por estradas de terra batida. Oferece. Fanfarra no meio da tarde. Dança. Entre risos e expectativas, o verde do alto das palmeiras, última brisa.

Depois da dádiva macabra, o massacre do povo Kenkateyê.

ORGANISMO

Não diz um único
ai   Antes
da pancada

O pesticida contra
a semente

MARÉ

A primeira maré é força e multidão,
desbanca as horas

no tempo contado em troncos,
raízes, folhas e nomes

Hálito quente diante da praia,
a primeira maré é um coração desperto

TEORIA DAS CORES

nuvens de poeira
a tempestade avermelha
o que resta do dia

MOTOR

1

usina lúdica
enlaço
    luminoso
    de algas   e
    bocas

2

        retenção:
            o mistério
        da força
   por   centelha
        dentro
        da represa

3

        acabrunhado   o
           besouro
   voa   por fim
          na boca
              do brejo

4

       range   a máquina
de moer
         terras
      numa única
lição   contra o solo
        alavanca
     de céus e   calcário

JARDIM

o alfabeto
de folhagem
e talo
sol cortante
olho rente ao chão

CROA

mas a croa
esconde

algo antigo:
tocaia

sem chance
pro desvio

TEMPO

sempre escuro
e tomba

casca   folha
e raiz

gralha que move
o mundo

tremor desfeito
no caminho

MUITAS VOZES

1

uma floresta
— esse outro modo de
produção da vida

fábrica de cheiros
e tumultos

2

no fundo do pasto
no laço e aboio

o primeiro minuto
de quebra do nervo
vegetal

OUTRAS VOZES

uritinga cação camarão caranguejo
piranha jacaré agulha joão-duro peixe-pedra corvina
pescada-amarela linguado baiacu piau e pacu
escama de camurupim
muitas vozes no fluxo do espanto

JENIPAPEIRO

escreve cartas
mantém suspenso o ar
equilibra o gavião

toda árvore é matéria
silenciosa, ferro e cor

ROCHA MOÍDA

cianeto:
separar o ou[t]ro
da substância
sem valor

minério:
a rocha moída
nos dentes da criança
yanomami

A IDENTIDADE DOS VULCÕES

no sopé do Villarrica,
Cordilheiras dos Andes, Chile

No ponto mais distante
do centro da terra,
o nó na garganta da águia

Pequenos cursos d'água
e o céu quente da montanha
Corpo e fastio à beira da ravina

No ponto mais distante
do osso e da bruma,
a paisagem de magma e fôlego

CAVALO-MARINHO

camuflado entre algas
e franjas
no estuário   a dorsal
do tempo lento
em águas revoltas
o corpo todo ósseo   dança
no caminho ligeiro
a cabeça em ângulo
ressabiado

UMA FOTOGRAFIA DE PIERRE VERGER

Canoa costeira, rampa
O tubarão nos braços
de um catraieiro

MATEIRO 2

Os anos de mata fechada, nó nas córneas
Verde, diamante, ouro e fóssil
Igapó, nenhuma lembrança é estranha

ALUMIAR

1

casa sem escoras
morada, refúgio, interior
do traço

a lição que voa baixo

2

olho apurado
rumo ao verão

palavra que nunca
encarna

3

sob o solo
as raízes habitam
a tempestade
o cascalho
pedra-funda

4

som áspero
no céu da boca

vista afiada
por entre nuvens

ave migrante
por todas as rotas

NASCENTE

na rouquidão da planta
no timbó
o sangue dos vincos

MANGUE

caranguejo-uçá
no mangue

o casco ao sol
toda sombra é guia

*

guará do mangue
bicho agudo
cresce na ventania

ALGUMAS PERGUNTAS

por quantos anos o veneno percorre a seiva?
sem o sulco, sem brecha, como passará o gemido
depois da queimada?
qual a cor da floração?
qual a velocidade da revoada?
um carcará vive só?
como contar abelhas num dia de sol?

COITÉ

o oco
o talo
semente
a guia
cabeça e
cabaça
o tronco
a gíria

SEMENTE

a descoberta do ar
no talo da planta

o organismo respira
— refúgio e raiz

as árvores são hábeis

FRUTO

cresce antes da queda
a broca do besouro
      que gira
      pra qualquer lado
      e fissura a carne

cresce depois da chuva
carcaça que pulsa
      por dentro
      outra forma

tempo de
estiagem

*

quase grão
quase nada

*

sol na cabeça
e nas mãos
terra hostil

ROTAÇÕES

pedra-pomes
nos dentes afiados

*

continentes:
variações do mar

*

gato-do-mato
pulo longo

*

floresta:
densidade à margem

BORRA, PETRÓLEO, AREIA

Acontecimentos diários no corpo da maré.
Borra, petróleo, areia.
A vida comum no substrato violento
da terra.

Casco de navio em olhos submersos.

Nenhuma regra acesa.
Plana sobre a preamar
o fóssil, o ar, a rocha.

Andorinha, sabiá e garça.
As estrelas da manhã voam
por todo o litoral, sem nunca arredar.

Carnaval marinho — o neon
na boca do peixe.

São raízes e crescem
por luminosas malhas
de túneis debaixo da lama,
o riso fosco do mangue.

Jatobá,
Jenipapeiro,
Xexéu,
Carnaúba,
Pindoba,
Angelim,
as primeiras anotações
da infância.

A medida certeira,
o cheiro das águas do rio.
Tudo feito enchente.

Pisada leve no capim.

De Bendegó ao mar, por estradas de terra,
segue o meteorito achado e encarnado.
Segue firme, até o brilho do fogo no museu.

Revirar as folhas
sob a vista do sol batendo
nos organismos.

Sobre o tempo: o minério
engasgado na boca do mar.

SOBRE O AUTOR

Josoaldo Lima Rêgo nasceu no Maranhão, em 1979. Poeta e geógrafo, publicou os livros *Paisagens possíveis* (2010), *Variações do mar* (2012, finalista do Prêmio Jabuti), *Máquina de filmar* (2014), *Motim* (plaquete, 2015), *Carcaça* (2016, finalista do Prêmio Jabuti) e *Sapé* (2019), todos pela editora 7Letras. Participou da coletânea *É agora como nunca* (organização de Adriana Calcanhotto, Companhia das Letras, 2017). É professor na Universidade Federal do Maranhão e possui doutorado em Geografia pela Universidade de São Paulo. Vive em São Luís.

Este livro foi composto em Sabon, pela Franciosi & Malta, com CTP da New Print e impressão da Graphium em papel Pólen Natural 80 g/m² da Cia. Suzano de Papel e Celulose para a Editora 34, em novembro de 2024.